Jutta Lammèr

Ravensburger® Hobbykurse

Gruß und Kuß
in Kreuzstich

Otto Maier Ravensburg

Alle in diesem Buch veröffentlichten Abbildungen und Modelle sind urheberrechtlich geschützt und dürfen nur mit ausdrücklicher schriftlicher Genehmigung des Verlages und der Urheber gewerblich genutzt werden.

© 1988 Ravensburger Buchverlag Otto Maier GmbH
Alle Rechte vorbehalten
Fotos: Ernst Fesseler
Zeichnungen: Ekkehard Drechsel
Satz: E. Weishaupt, Meckenbeuren
Gesamtherstellung: Himmer, Augsburg
Printed in Germany

91 90   4 3

ISBN 3-473-45693-4

Inhalt

4	*Einleitung*
4	Material
5	Sticktechnik
6	Arbeiten nach einer Zählvorlage
7	Nachbehandlung
10	Fertigstellung

12	*Erläuterungen zu den Motiven*

16	*Motive*
16	Wiege
17	Lätzchen
20	Hampelmann
21	Geburtstags- oder Hochzeitskuchen
24	Achtzehn mit Clown
25	Luftballons
28	Schwalbe mit Herz
29	Herz mit Pfeil
32	Blütenherz
33	Herz mit Schrift
36	LOVE mit Rankenrahmen
37	Topfblumen
40	Hase auf der Wiese
41	Hase mit Osterei
44	Kranz
45	Weihnachtsbaum
48	1989 mit Taube
49	1989 mit Mann auf der Leiter
52	Rosenkranz
53	Glückspilz
56	Orden
57	Liegestühle
60	Auto
61	Schneckenhaus
63	Großes Blütenherz
64	Alphabet

Einleitung

Bei vielen Anlässen ist eine Karte, liebevoll in Kreuzsticharbeit ausgeführt, genau richtig, zeigt sie doch, daß man sich für den Beschenkten ganz besondere Mühe gemacht hat.
In diesem Buch sind Kreuzstichmotive mit den dazugehörenden Zählmustern für viele Gelegenheiten zusammengestellt. Man kann sie an einem Abend – einige größere Motive an zwei Abenden – sticken.
Die fertige Arbeit wird hinter den Fensterausschnitt einer Faltkarte geklebt. Solche Passepartoutkarten kann man im Schreibwaren-, Hobby- oder Zeichenbedarfshandel fertig kaufen, jedoch sind die Fensterausschnitte nicht immer ausreichend groß. Besser ist es, man stellt sie aus Zeichenkarton selbst her (siehe Seite 9 und 10).

Material

Für die in diesem Buch gezeigten Kreuzstichstickereien braucht man nur wenig Material. Wer häufiger stickt, wird sicher mit vorhandenen Resten auskommen.
Am besten arbeitet man mit zweifädigem, also geteiltem Sticktwist und Straminnadel Nr. 22 auf Leinen Nr. 10,5. Bei diesem Gewebe kommen auf 1 cm $5 \frac{1}{4}$ Kreuze, das heißt: hat ein Zählmuster 21 x 21 Kreuze, so ist die fertige Stickerei 4 x 4 cm groß.
Die Kreuzsticharbeiten auf den folgenden Seiten haben etwa Originalgröße. Die in Verbindung mit den Symbolen angegebenen Farbnummern beziehen sich

auf MEZ Sticktwist, der in 8 oder 10 m langen sechsfädigen Strängen angeboten wird.
Außer Leinen kann man auch Aida-Stoff verwenden, der eine andere Struktur hat. Hier sind nicht einzelne Fäden, sondern Fadengruppen mit gleichen Abständen in Höhe und Breite in Leinenbindung verwebt.
Die Kreuzstichmotive werden, auf Aida-Stoff gestickt, etwas kleiner als auf Leinen (vergl. Abb. auf Seite 8 oben).

Sticktechnik

Der Kreuzstich ist ein zweiteiliger Stich. Er besteht aus dem von links unten nach rechts oben verlaufenden Unterstich und dem in entgegengesetzter Richtung verlaufenden Deckstich.
Es gibt mehrere Varianten der Kreuzstichtechnik, die sich aber nur auf der Rückseite der Arbeit zeigen.
So können hier zum Beispiel senkrechte oder waagerechte Stiche, Kästchen oder Kreuze erscheinen.
Die einfachste, am häufigsten angewendete Methode ist das Sticken in waagerechten Hin- und Rückreihen, wobei sich auf der Rückseite senkrechte Stiche bilden.
Die Zeichnungen auf Seite 8 zeigen die beiden Arbeitsphasen: Man sticht zwischen zwei Gewebefäden (bei Aida-Stoff zwischen den Fadengruppen) zur Vorderseite des Stoffes durch, führt den Faden diagonal nach rechts oben über zwei Gewebekreuze (bei Aida-Stoff über ein Kreuz) und sticht senkrecht in Abwärtsrichtung unter zwei Gewebefäden (bei Aida-Stoff unter einer Fadengruppe) hindurch. In fortlaufenden Abwärtsstichen wird die Reihe beendet. Dann stickt man, die vorigen Ein- und Ausstichlöcher benutzend, wieder in entgegengesetzter Richtung zurück.
Damit der Fadenanfang nicht nach vorn durchrutscht, macht man zunächst eine kleine Schlinge. Sie wird später aufgelöst und das Fadenstück auf der Rückseite in den Stickstichen verstopft. Geübte arbeiten ohne diese Hilfsmittel. Sie legen den Fadenanfang parallel nach rechts zu der zu stickenden Reihe und übersticken ihn gleich mit. Ganz gleich, wie man verfährt, man sollte niemals einen bleibenden Knoten machen. Durch den gleichmäßigen Stickrhythmus verzwirnen

sich die Stickfäden mit fortschreitender Arbeit immer mehr miteinander. Man sollte sie deshalb von Zeit zu Zeit wieder so zurückdrehen, daß sie parallel nebeneinander liegen. Das erreicht man durch Rollen der Nadel zwischen Daumen und Zeigefinger.

Eine weitere einfache Stickmethode ist das Arbeiten in senkrechten Auf- und Abreihen, bei denen die Fäden auf der Rückseite der Arbeit waagerecht verlaufen. Die Zeichnungen auf Seite 8 zeigen diese Technik in zwei Phasen: Nach dem Ausstich wird die Nadel von rechts nach links unter zwei Gewebefäden hindurchgeführt. So arbeitet man zur Bildung der Unterstiche weiter in Aufwärtsrichtung. Für die Deckstiche verfährt man in Abwärtsrichtung auf die gleiche Weise.

(Bei Aida-Stoff sticht man jeweils unter einer Fadengruppe hindurch.)

Auf den ersten Blick sehen die in senkrechten und waagerechten Reihen gestickten Kreuze gleich aus. Sieht man aber genauer hin, stellt man fest, daß die Kreuze der senkrechten Reihen (also mit waagerechtem Fadenverlauf auf der Rückseite) geringfügig höher und schmaler sind als jene, die in waagerechten Reihen (mit senkrechten Fäden auf der Rückseite) gearbeitet wurden.

Das macht sich besonders bei größeren Flächen bemerkbar, vor allem dann, wenn man eine feste Hand hat, also die Fäden immer ziemlich straff anzieht.

Man sollte sich zu Beginn der Arbeit für eine der beiden Methoden entscheiden und diese bei dem ganzen Motiv anwenden. Wechselt man innerhalb einer Arbeit zwischen senkrechten und waagerechten Reihen, entsteht ein sehr unruhiges Gesamtbild mit erkennbar unterschiedlichen Strukturen. Das wird auch nicht dadurch aufgehoben, daß man einen Stickrahmen benutzt, denn sobald die Arbeit vom Rahmen genommen und das Gewebe entspannt wird, zeigt sich der unterschiedliche Zug.

Arbeiten nach einer Zählvorlage

Zuerst legt man die Mitte von Vorlage und Stoff in einer senkrechten und einer waagerechten Linie fest, markiert diese und zählt von hier aus die Gewebefäden für das erste zu stickende Kreuz (2 Fäden = 1 Kreuz, bei Aida-Stoff: 1 Fadengruppe = 1 Kreuz). Es ist nicht immer sinnvoll, der bekannten Faustregel zu folgen, nach der man von der Mitte aus zu sticken hat. Viele Motive haben gerade im Zentrum verschiedene Farben, so daß man hier von Anfang an gleich mehrere Farbwechsel hätte, die den Stickrhythmus stören. Oft ist es besser, unten links zu beginnen und in fortlaufenden waagerechten Reihen aufwärts zu sticken.

Das Umsetzen einer Zählvorlage ist bei kleinen Motiven, wie sie in diesem Buch vorwiegend gezeigt werden, nicht schwierig.

Es genügt, wenn man einen Kartonstreifen als Lesezeichen benutzt, den man Reihe für Reihe verschiebt. Bei etwas größeren Arbeiten mit vielen Farben kann man sich folgender Hilfe bedienen: Man kopiert die Zählvorlage aus dem Buch (Fotokopierer) und befestigt sie mit Stecknadeln auf einer kleinen Styroporplatte. Mit zwei weiteren Nadeln markiert man Anfang und Ende der jeweils zu stickenden Reihe oder eines Teilstückes.

Nachbehandlung

Hat man ohne Stickrahmen gearbeitet, was bei diesen kleinen Motiven die Regel sein wird, so genügt es, die Stickerei mit der Schauseite nach unten auf eine weiche, mit einem weißen Tuch bedeckte Unterlage zu legen und sie mit einem Dampfbügeleisen (ersatzweise feuchtes Tuch auflegen) zu plätten.

Ist die Stickerei stark zerknittert oder hat der Stoff Bruchmarkierungen durch das Zusammenlegen, zieht man die Arbeit durch lauwarmes Wasser und legt sie mit der Schauseite nach oben zum Trocknen flach auf einen kunststoffbeschichteten Tisch, eine Glasplatte oder ein Tablett. Dabei zieht man den Stoff rechtwinklig fadengerade und bügelt ihn später in noch feuchtem Zustand von der Rückseite.

Vergleich der Stickergebnisse auf unterschiedlichen Stickgründen.
Links: Leinengewebe, bei dem senkrecht und waagerecht jeweils zwei Fäden zur Kreuzbildung überstickt wurden.
Rechts: Aida-Stoff mit überstickten Fadengruppen. Auf diesem Stickgrund werden die Motive geringfügig kleiner als auf Leinen.

Sticktechnik in waagerechten Reihen: Die Hinreihe bildet die Unter-, die Rückreihe die Deckstiche. Die Fäden auf der Rückseite verlaufen senkrecht.

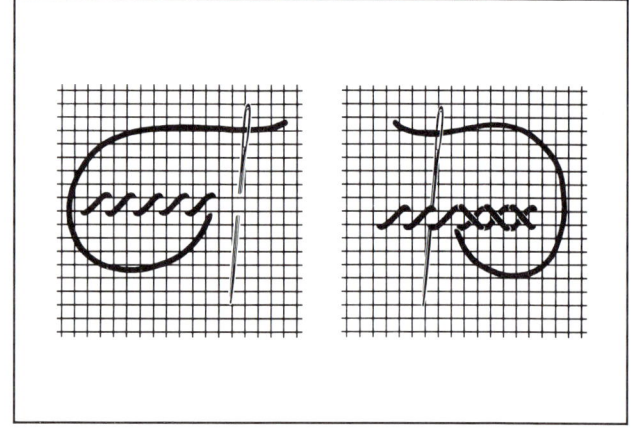

Sticktechnik in senkrechten Reihen: Die Aufwärtsreihe bildet die Unter-, die Abwärtsreihe die Deckstiche. Die Fäden auf der Rückseite verlaufen waagerecht.

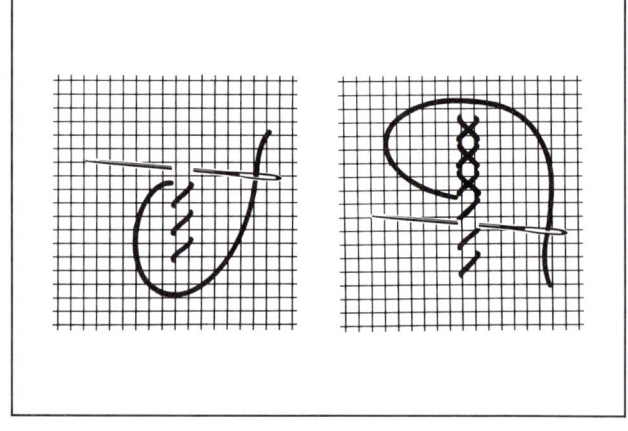

Einen kreisrunden Ausschnitt markiert man mit einer Hilfsschlinge, die auf dem Kreismittelpunkt befestigt wird. In das Ende der Schlinge hängt man einen Bleistift ein.

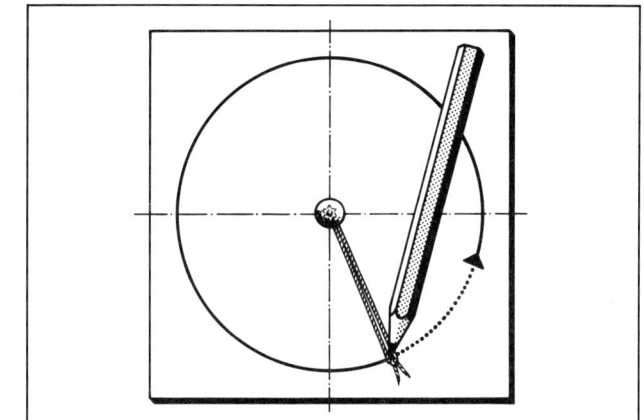

Ein Oval wird mit einer an zwei Punkten der Mittelachse des Ausschnitts befestigten Schlinge markiert. Je weiter diese Befestigungspunkte voneinander entfernt sind, um so flacher wird das Oval.

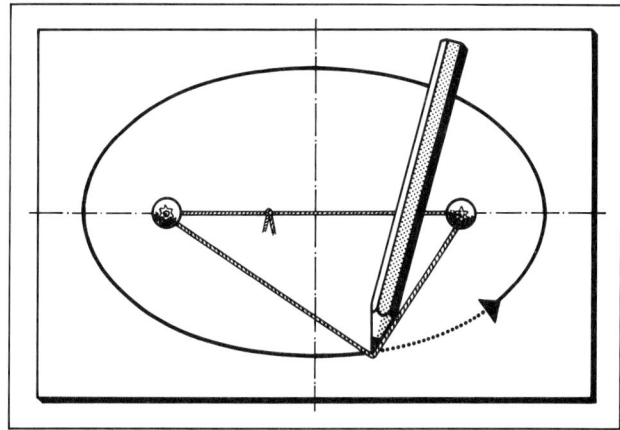

Für einen eckigen Ausschnitt sticht man in das später herausfallende Mittelstück ein Loch, schneidet von hier aus auf eine der Kanten zu und weiter sauber an der markierten Linie entlang. Die Ecken umgeht man in einem Bogen.
Sie werden zum Schluß nachgearbeitet.

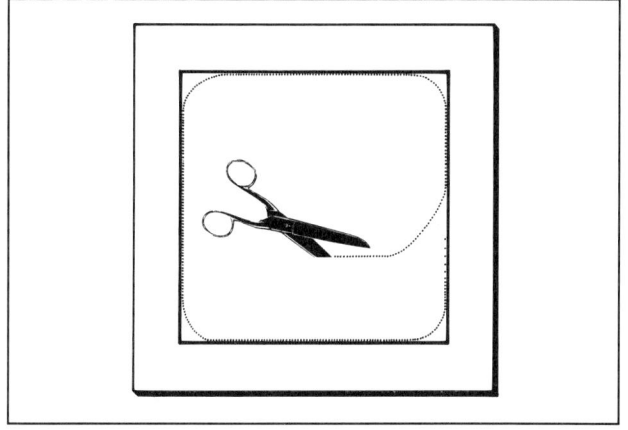

Fertigstellung

Die fertige Stickerei wird in eine Faltkarte mit Fensterausschnitt geklebt. Dieser Ausschnitt sollte so sein, daß er das Motiv abgrenzt, ohne es einzuengen. Andererseits sollte aber auch nicht zu viel des unbestickten Stoffes zu sehen sein.

Der Kartonrand des Passepartouts muß die Stickerei wie ein Bild harmonisch umrahmen. Am besten probiert man die Ausschnittgröße mit einem Blatt Papier aus und überträgt die ermittelten Maße auf glatten elastischen Zeichenkarton (Bristolkarton o. ä.).

Für das Gesamtformat der Klappkarte sollte man möglichst einfache oder doppelte Postkartengröße wählen, damit sie später in einen handelsüblichen genormten Briefumschlag paßt.

Für eine Klappkarte in Postkartenformat braucht man ein Stück Zeichenkarton in doppelter Breite (zum Zusammenklappen) und ein Stück Karton, das rundherum einen Millimeter kleiner ist als eine Postkarte. Dieses Stück wird später innen hinter die Stickerei geklebt.

Ein Fensterausschnitt kann rechteckig hoch- oder querformatig, quadratisch, rund oder oval sein.

Die Schnittlinien für eckige Ausschnitte werden mit Hilfe eines Lineals, besser noch mit einem Winkel festgelegt. Man markiert sie mit dünnen Bleistiftstrichen, wenn man zum Ausschneiden eine Schere benutzt. Arbeitet man mit einem Kartonmesser, genügt es, die vier Eckpunkte aufzuzeichnen.

Die Schnittlinie für einen runden Ausschnitt legt man mit Hilfe eines Zirkels oder einer Fadenschlinge fest. Diese Schlinge wird mit einer Reißzwecke in der Mitte des Kreises befestigt. In das andere Ende der Schlinge hängt man einen Bleistift ein und führt diesen im Kreis um den Mittelpunkt herum. Dabei muß der Bleistift genau senkrecht gehalten werden, die Fadenschlinge straff gespannt sein. Der Abstand zwischen dem Ende der Fadenschlinge und dem Befestigungspunkt in der Mitte bestimmt die Kreisgröße (s. Zeichnung Seite 9).

Ein Oval wird auf ähnliche Weise markiert. Dazu befestigt man über der Querachse (waagerechte Mittellinie) an beiden Enden mit gleichem Abstand zur Mitte eine Fadenschlinge, die so bemessen sein muß, daß der in diese Schlinge straff eingehängte Bleistift die gewünschte Ovalkante erreicht. Je flacher das Oval sein soll, um so größer muß der Abstand zur Mitte sein (s. Zeichnung Seite 9).

Eckige Ausschnitte macht man am besten mit einem Kartonmesser, das an einer Linealkante von Punkt zu Punkt der Markierung entlang geführt wird. Dabei muß man das Messer nur leicht an das Lineal, das Lineal selbst jedoch fest auf den Karton drücken, damit nichts verrutscht.

Hat man den Karton nicht ausreichend durchtrennt, so daß der Fensterausschnitt nicht herausfällt, schneidet man die entsprechenden Stellen von der Kartonrückseite sorgfältig und ohne Druck nach. Niemals sollte man ein festhängendes Kartonstück herausreißen.

Hat man kein Kartonmesser, kann man den Ausschnitt auch mit der Schere machen. In diesem Fall sticht man in die Mitte des später herausfallenden Kartonstückes ein Loch und schneidet von hier aus mit der Schere in einer flachen Diagonale zum Rand. Zunächst werden alle vier geraden Linien exakt nachgeschnitten, während man die Ecken in einem Bogenschnitt übergeht. Erst wenn das Mittelstück herausgetrennt ist, schneidet man die Ecken von außen nach innen, also zum Schnittpunkt hin, sauber aus.

Kreis und Oval werden ebenfalls von der Mitte ausgehend mit einer Schere ausgeschnitten.

Der Stickgrund mit dem Motiv wird so zugeschnitten, daß er rundherum $1/2$ cm kleiner ist als die Karte. Die Ausschnittkanten des Passepartouts werden auf der Rückseite mit Papier- oder Alleskleber sparsam bestrichen. Dann klebt man die Stickerei so ein, daß das Motiv in der Ausschnittmitte fadengerade sitzt. Erst dann werden auch die Stoffkanten auf den Karton geklebt. Zum Schluß überdeckt man die Rückseite der ganzen Stickerei mit einem Kartonstück, das nur rundherum an den Kanten auf dem $1/2$ cm breiten Überstand des Passepartouts festgeklebt wird. Damit die Klappkarte sich besser falzen läßt, ritzt man die Bruchlinie auf der Außenseite leicht ein.

Erläuterungen zu den Motiven

Wiege
(Seite 16)

Dieses Motiv ist als Glückwunsch zur Geburt oder Taufe eines Kindes gedacht. Wenn man sehr traditionsbewußt ist, kann man bei einem Knaben die Schleife in Hellblau sticken.

Lätzchen,
Hampelmann
(Seite 17 und 20)

Noch in letzter Minute kann man diese kleinen Motive sticken, wenn man zur Geburt oder zum Geburtstag eines Babys gratulieren möchte.

Geburtstags- oder
Hochzeitskuchen
(Seite 21)

Dieser prächtige Kuchen wird jedes Geburtstagskind erfreuen. Soll er zur Hochzeit verschenkt werden, eignet sich anstelle des Lebenslichtes ein Herz als krönender Abschluß. Man arbeitet an diesem Motiv, für das man gut Garnreste verwerten kann, etwa sechs Stunden. Ungeübte brauchen länger.

Achtzehn mit Clown
(Seite 24)

Keine Frage, dies ist das richtige Motiv, um zum 18. Geburtstag und zur Volljährigkeit zu gratulieren. Der Clown vermittelt Lebensfreude, das Kleeblatt soll Glück bringen, und der Schlüssel symbolisiert Freiheit.

Luftballons
(Seite 25)

Dieses Motiv eignet sich für alle Gelegenheiten, bei der Auf- oder Aussteiger sich aus einer Gruppe lösen: Abitur, Schulentlassung, Beginn einer Ausbildung, Studium, Beförderung, Gründung eines eigenen Unternehmens usw. Es ist auch als Glückwunsch zu verwenden, wenn jemand an einen anderen Ort zieht und

	seinen Familien- oder Freundeskreis verlassen muß. Ebenso ist es geeignet, jemandem zum 18. Geburtstag und damit zur Volljährigkeit zu gratulieren.
Schwalbe mit Herz (Seite 28)	Ein klassisches Motiv für Verliebte. Man kann es für den Auserwählten sticken oder für ein Paar, das sich verliebt, verlobt oder gerade geheiratet hat.
Herz mit Pfeil (Seite 29)	Dieses Motiv gehört ebenfalls zum althergebrachten Repertoire für Liebende. Es ist an einem Abend gestickt.
Blütenherz (Seite 32)	Zur Verlobung oder Hochzeit, zum Hochzeits-, Valentins- oder Muttertag, aber auch zum Geburtstag, Namenstag oder Jubiläum kann man dieses Herz aus Blüten sticken. Noch persönlicher wird es, wenn man die Initialen des Empfängers oder Paares in die Mitte setzt. Ein geeignetes Alphabet ist auf Seite 64 abgebildet.
Herz mit Schrift (Seite 33)	„Mein Herz ist Dein" sagen Schrift und Motiv dem Empfänger. Jeder, der zum Hochzeits-, Valentins- oder Muttertag einen solchen Gruß bekommt, wird sich darüber besonders freuen.
LOVE mit Rankenrahmen (Seite 36)	Dieses Motiv ist besonders geeignet für alle Gelegenheiten, bei denen Liebe die Hauptrolle spielt. Zum Sticken braucht man etwa fünf bis sechs Stunden. Ungeübte arbeiten länger.
Topfblumen (Seite 37)	„Danke für die Blumenpflege" sagt man mit diesem Motiv einer lieben Freundin oder Nachbarin, wenn man nach längerer Abwesenheit zurückkehrt. Vier Stunden Stickzeit muß man dafür opfern.
Hase auf der Wiese, Hase mit Osterei (Seite 40 und 41)	Zwei Ostermotive, für die man etwa vier bis sechs Stunden Stickzeit braucht. Das Motiv mit dem Ei dauert etwas länger als das mit der Wiese.

Kranz (Seite 44)	Ein Adventskranz, wie man ihn in skandinavischen Ländern an die Haustür hängt. Die flatternde rote Schleife soll fröhliche Adventstage symbolisieren, die der Absender dem Empfänger wünscht.
Weihnachtsbaum (Seite 45)	Schnell gestickt ist so ein kleiner Weihnachtsbaum, den man Verwandten, Freunden und Bekannten zum Fest ins Haus schicken kann. Das Motiv eignet sich auch zum Besticken von Buchzeichen oder kleinen Geschenkbeuteln. (Weitere Weihnachtsmotive finden Sie in dem Buch „Weihnachtsstickereien" von Jutta Lammèr, Ravensburger Buchverlag.)
1989 mit Taube (Seite 48)	Frieden, Liebe, Glück und Munterkeit symbolisieren Taube, Herz, Kleeblatt und Sektkelch dieser Neujahrskarte. Die Zahlen des Zählmusters auf Seite 51 ermöglichen, daß man das Motiv alljährlich mit neuer Jahreszahl sticken kann.
1989 mit Mann auf der Leiter (Seite 49)	Nicht nur zum Jahreswechsel allgemein, sondern auch zum Geburtstag kann man dieses Motiv verwenden. Man muß dann allerdings die beiden ersten Zahlen weglassen, den Rahmen links etwas verkürzen und die anderen Zahlen dem Alter entsprechend einsetzen. (Zahlenreihe auf dem Zählmuster Seite 51.)
Rosenkranz (Seite 52)	Dieser kleine Kranz ist ein liebevoller Gruß zu einem festlichen Ereignis. In die Kranzmitte kann man Buchstaben oder Zahlen sticken, um den Glückwunsch noch persönlicher zu machen. (Zählmuster für Alphabet und Zahlenreihe auf Seite 64.)
Glückspilz (Seite 53)	Ein Sondergruß für Glückspilze jeglicher Art. Man kann damit zu einem frohen Ereignis gratulieren oder aber Glück herbeiwünschen.
Orden (Seite 56)	Zur Würdigung einer besonderen Tat oder zum Jubiläum ist ein Orden fällig. In die Mitte setzt man die Jubiläumszahl oder den Anfangsbuchstaben des Namens des Ordensträgers. Für das Sticken muß

	man etwa sechs bis acht Stunden – je nach Übung – reservieren. (Zählvorlage für Buchstaben und Zahlen auf Seite 64.)
Liegestühle (Seite 57)	Gute Wünsche für Erholung, Genesung nach einer Krankheit oder für den Ruhestand nach einem langen Arbeitsleben kann man mit zwei einladenden Liegestühlen ausdrücken. Der eine Liegestuhl ist für den Empfänger der Karte gedacht, der andere für nette Gesprächspartner reserviert. Das Motiv ist in etwa drei Stunden gestickt.
Auto (Seite 60)	Zur bestandenen Fahrprüfung, zum ersten eigenen oder zum neuen Auto kann man mit diesem kleinen Motiv, das in zwei Stunden gestickt ist, gratulieren.
Schneckenhaus (Seite 61)	Jedem, der mit Sack und Pack umzieht, wird ein solcher Glückwunsch auch im schlimmsten Trubel ein Lächeln entlocken. In einer Stunde kann das Motiv leicht gestickt werden.
Großes Blütenherz (Umschlag-Vorderseite)	In den freien Raum dieses großen Herzmotivs kann man Initialen, einen ganzen Vornamen oder ein Wort sticken. (Das Zählmuster zu diesem Motiv steht auf Seite 63, ein passendes Alphabet auf seite 64.)

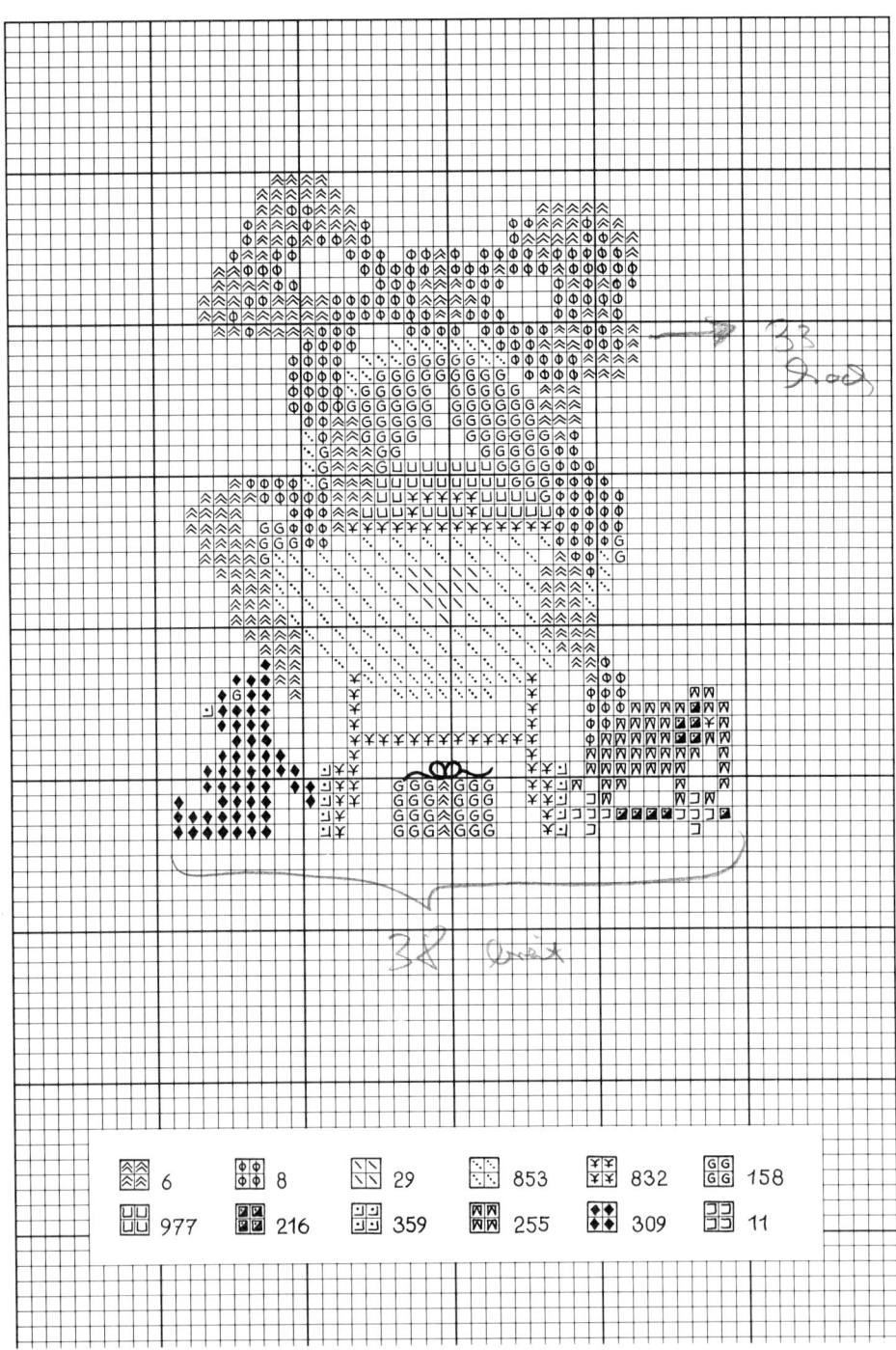

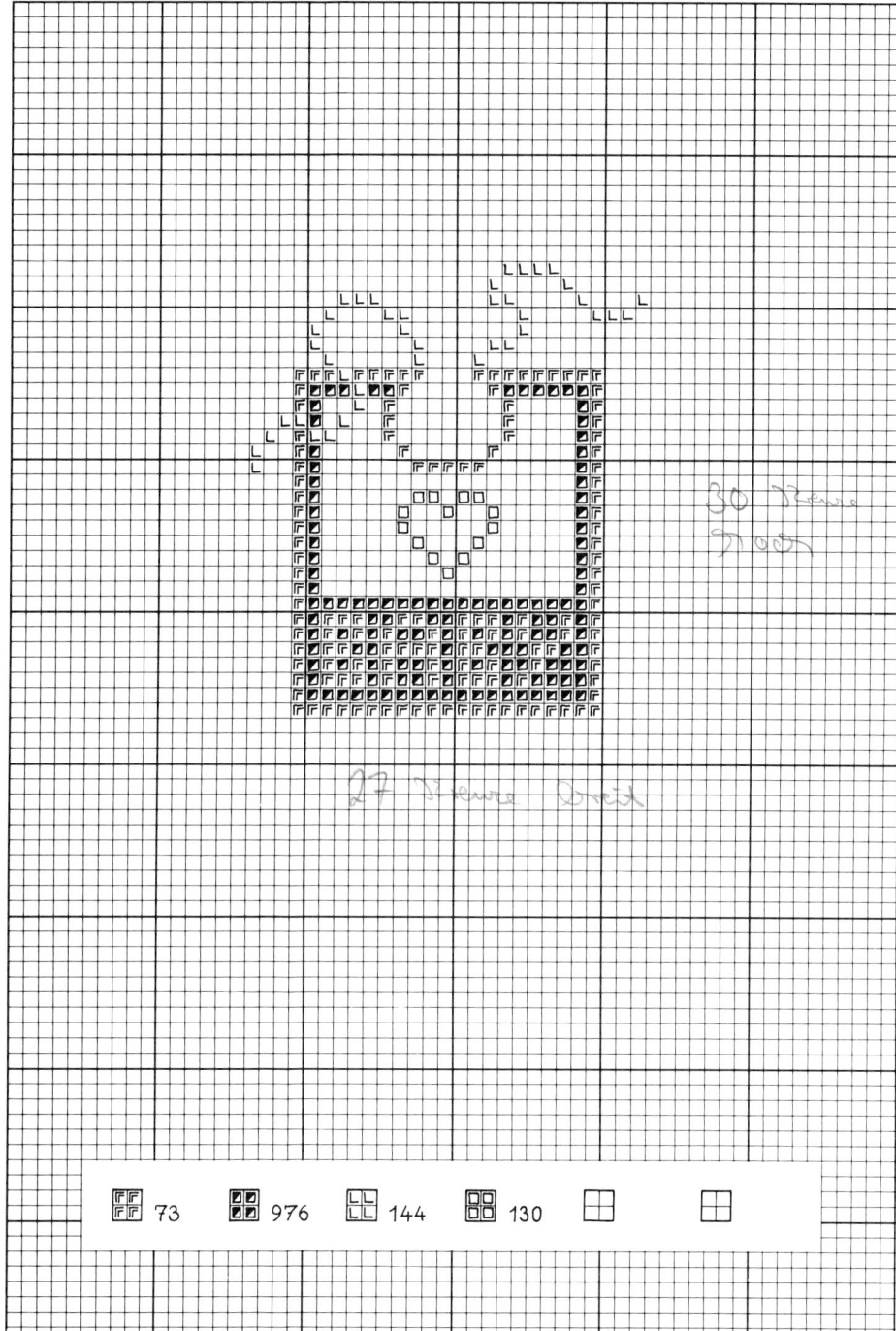

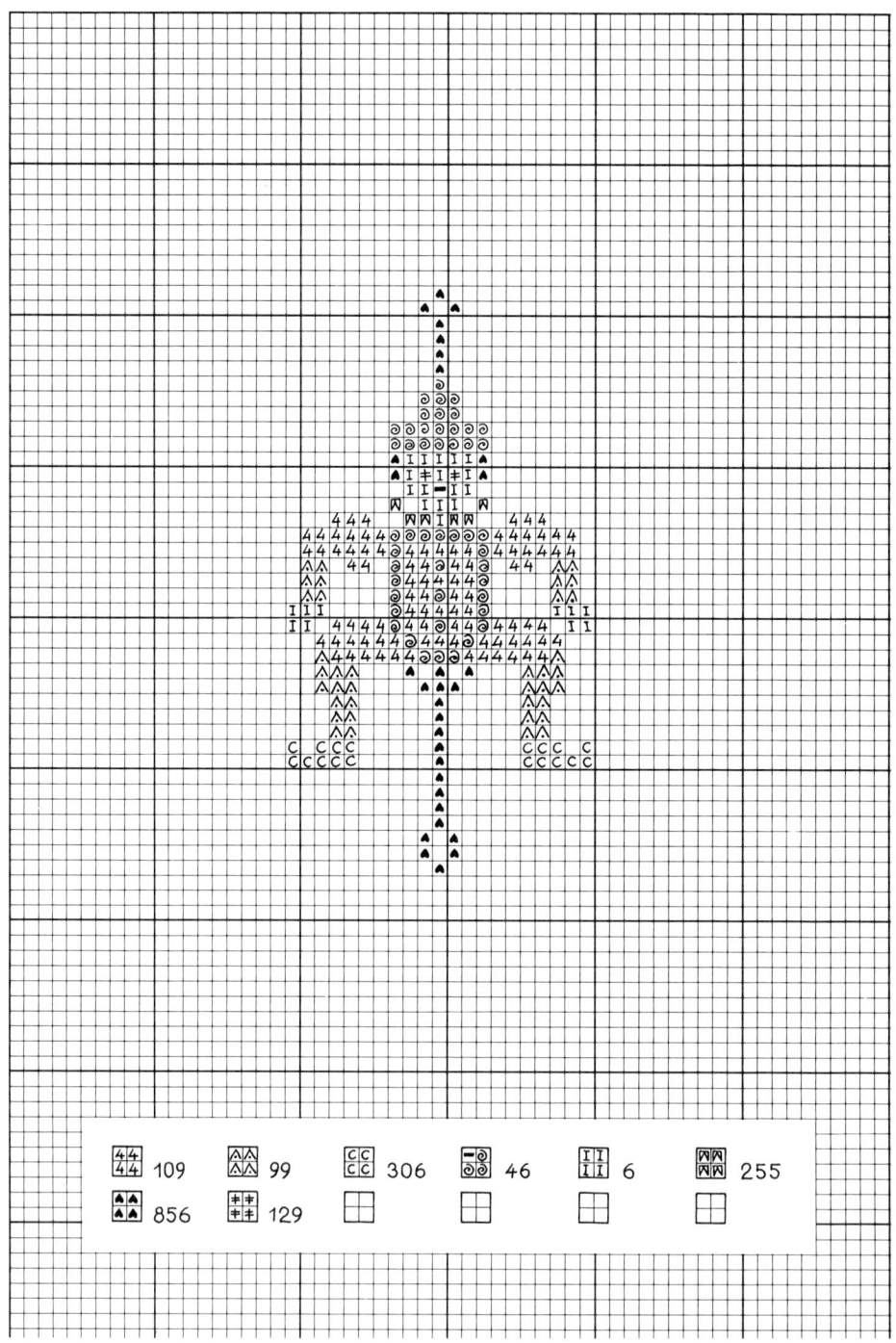

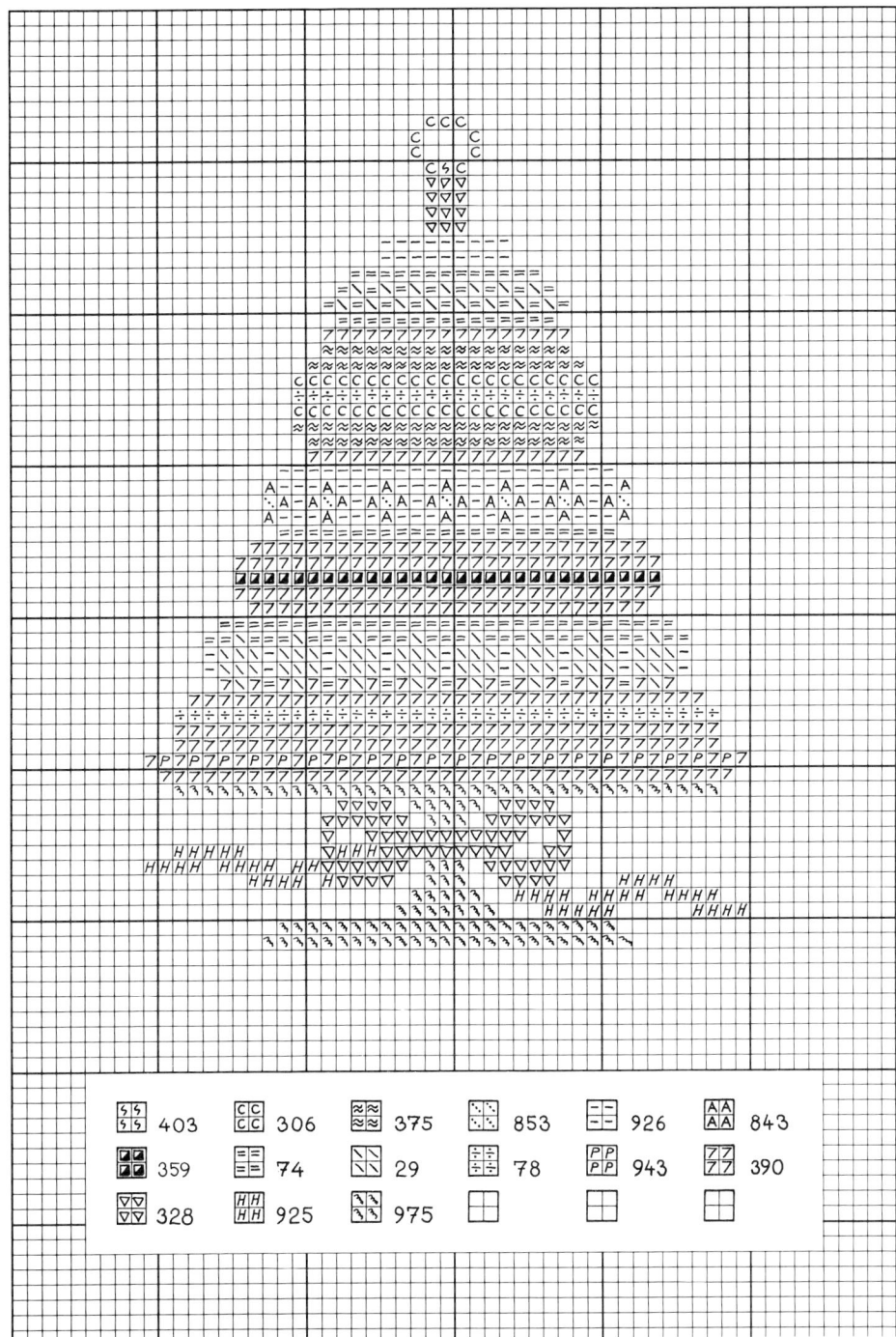

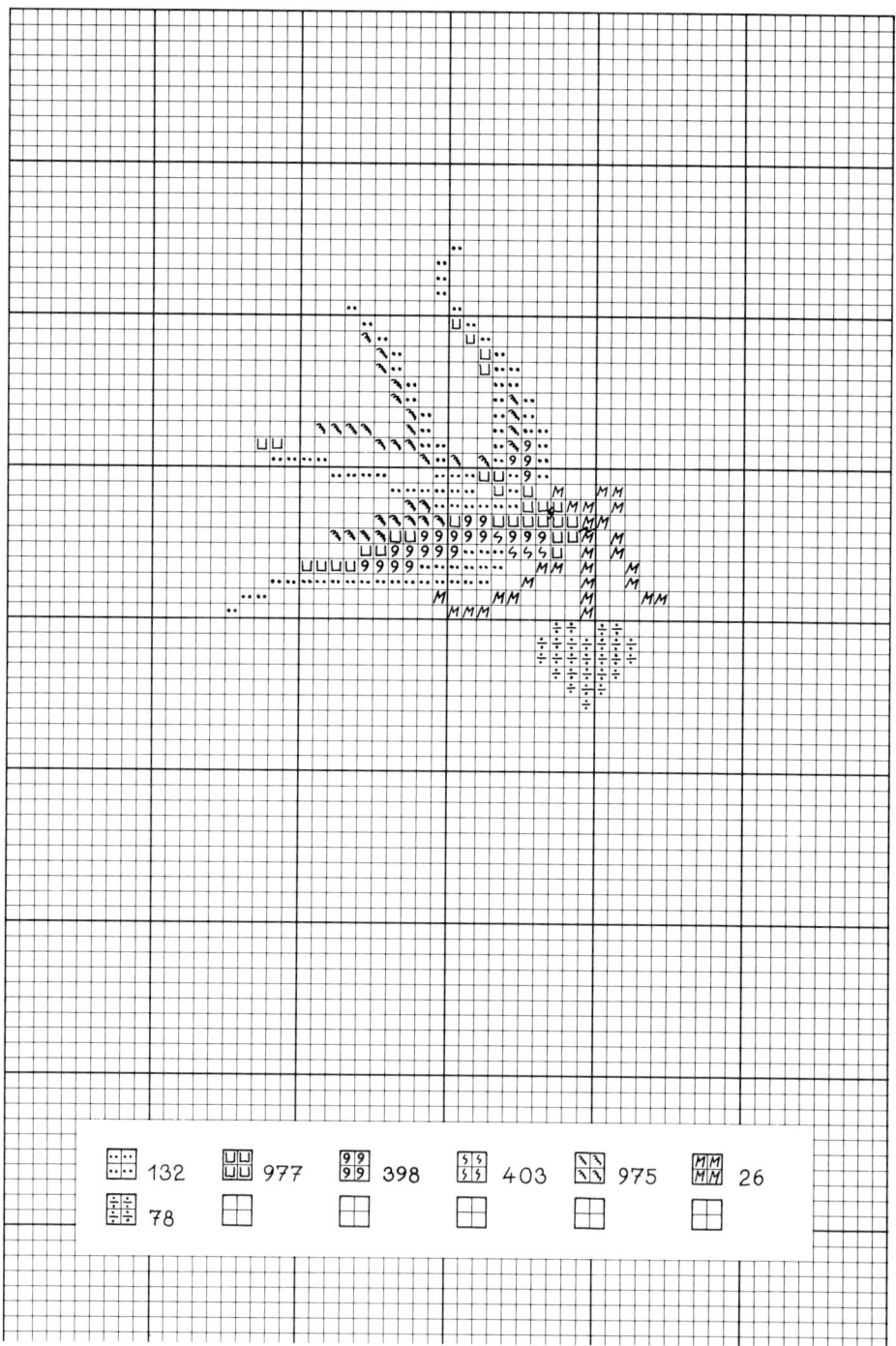

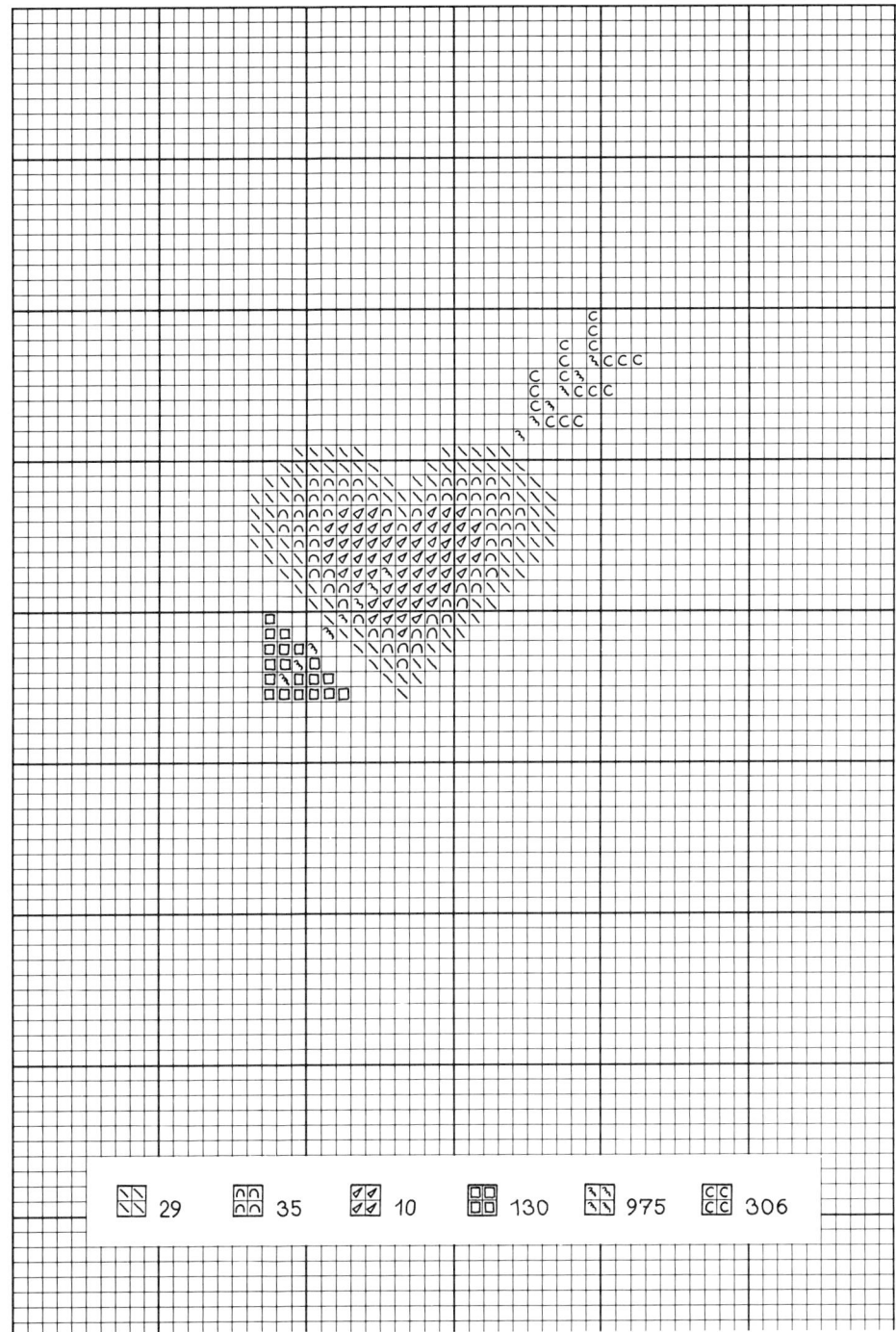

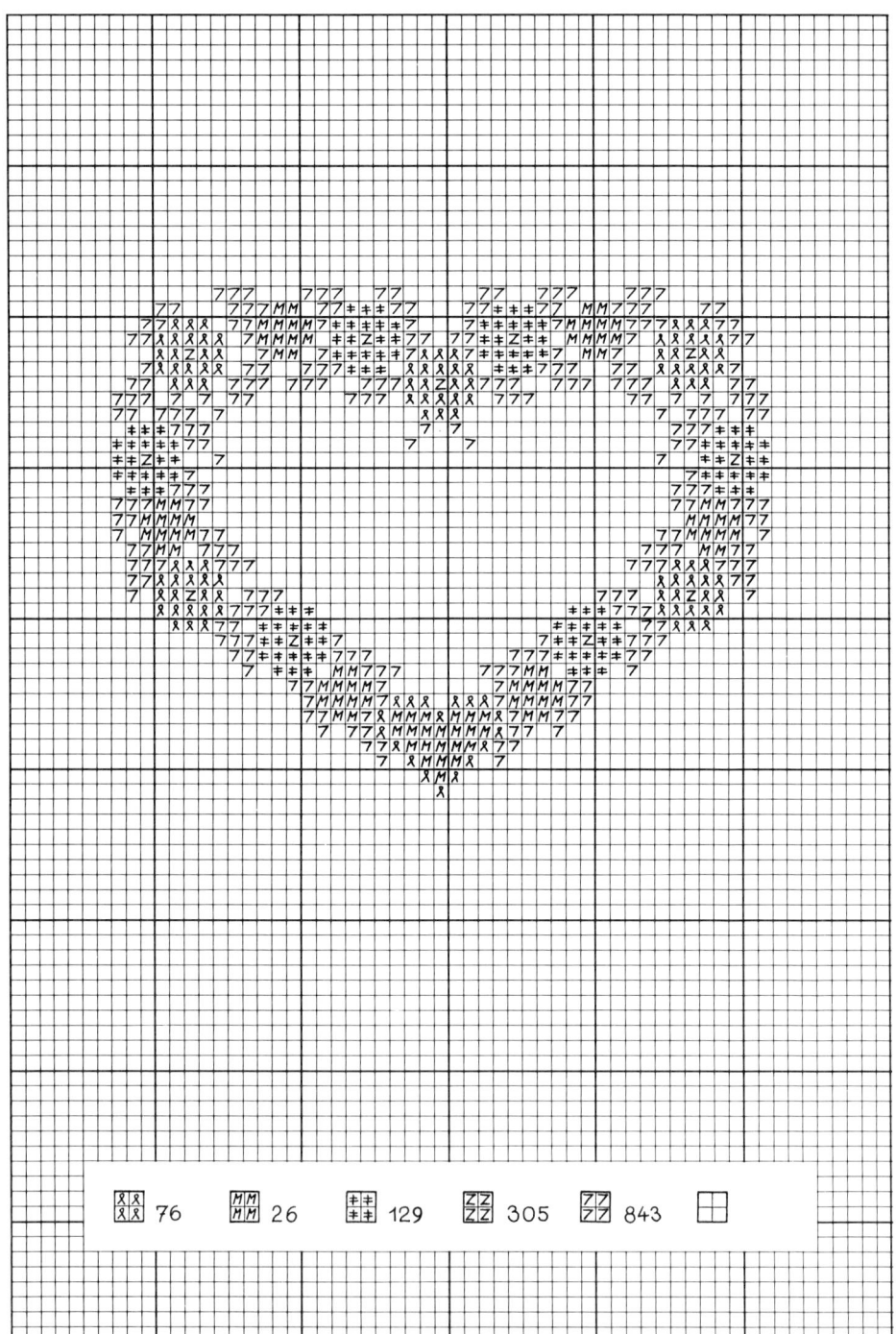

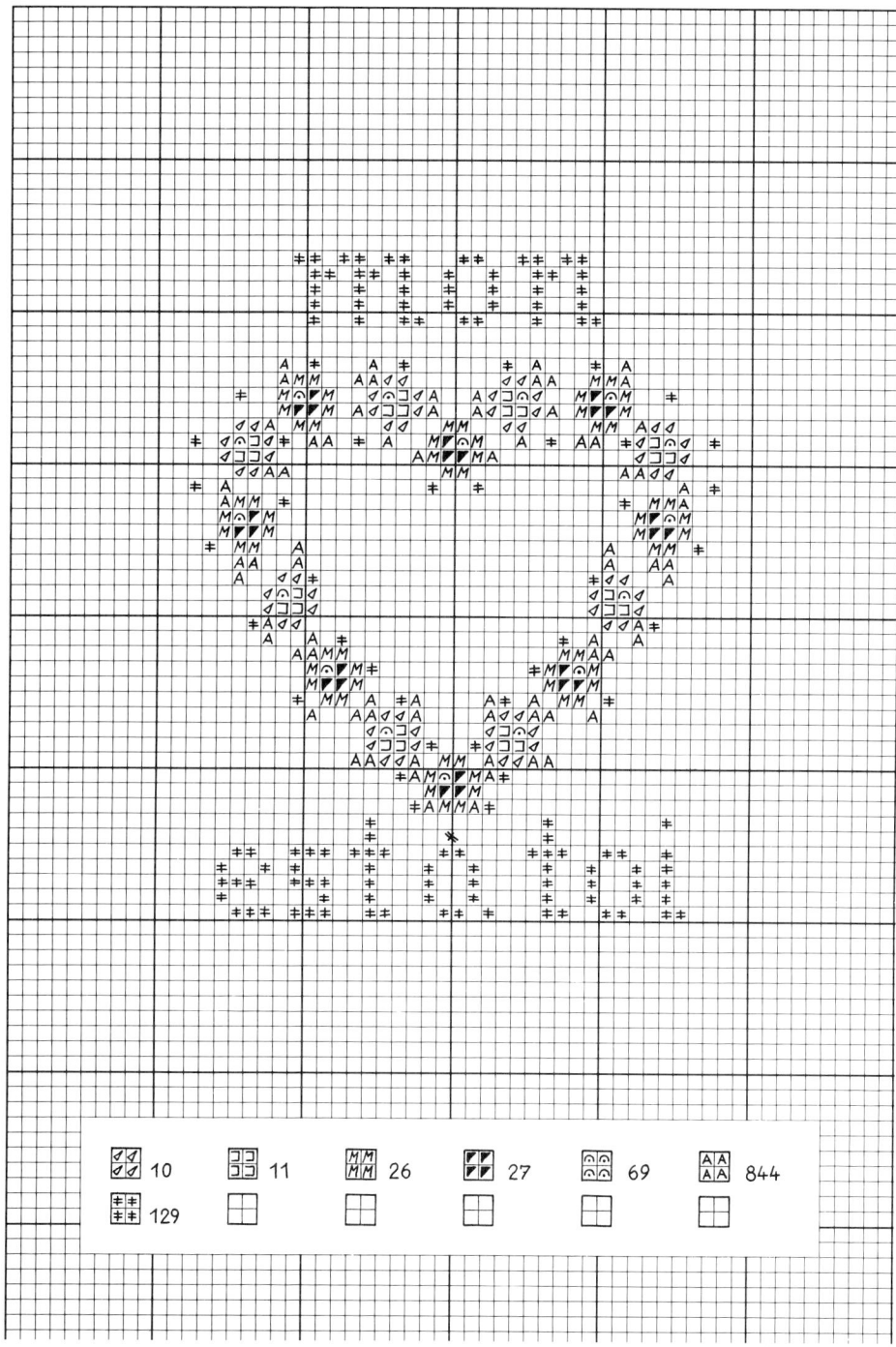

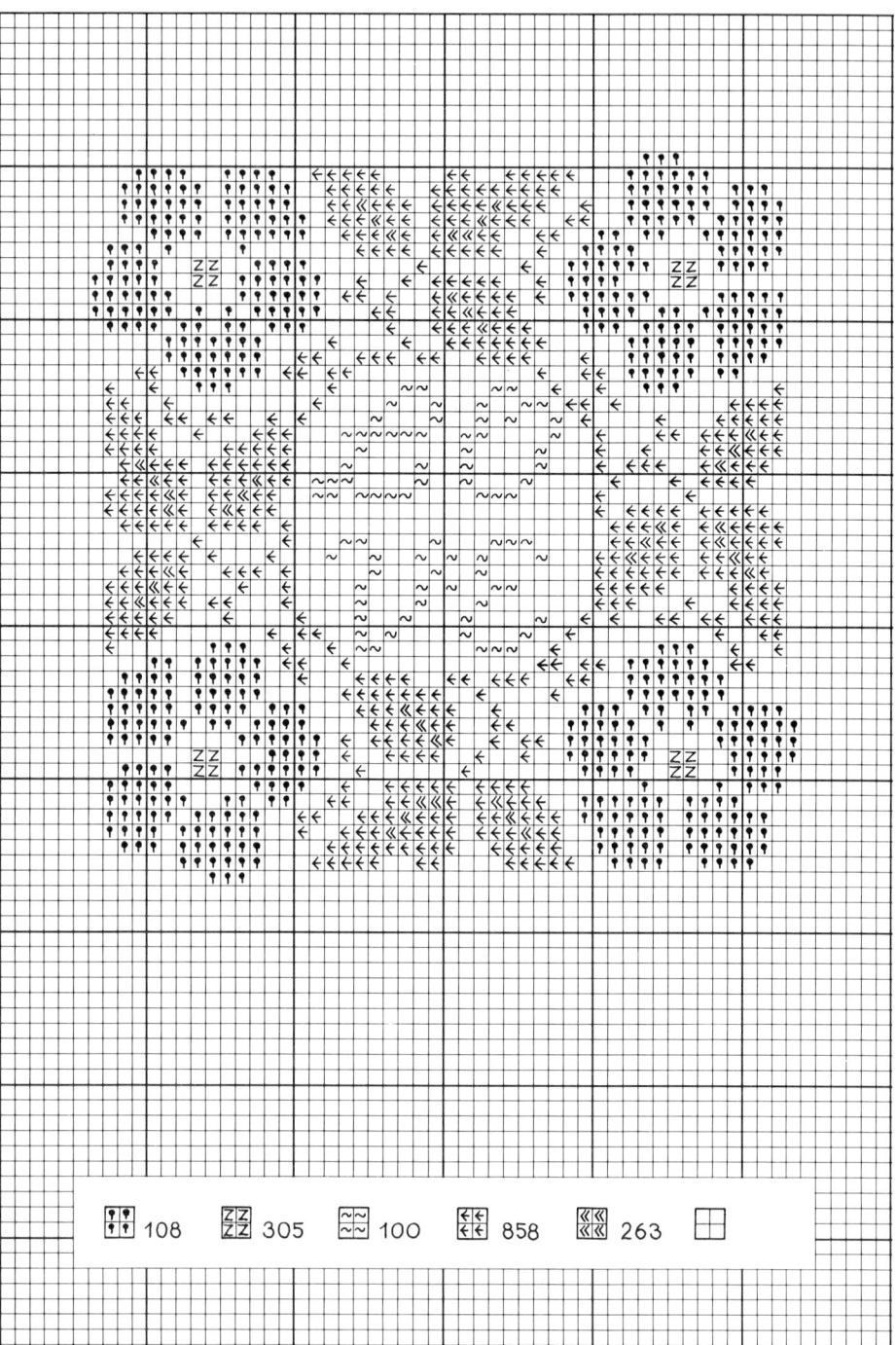

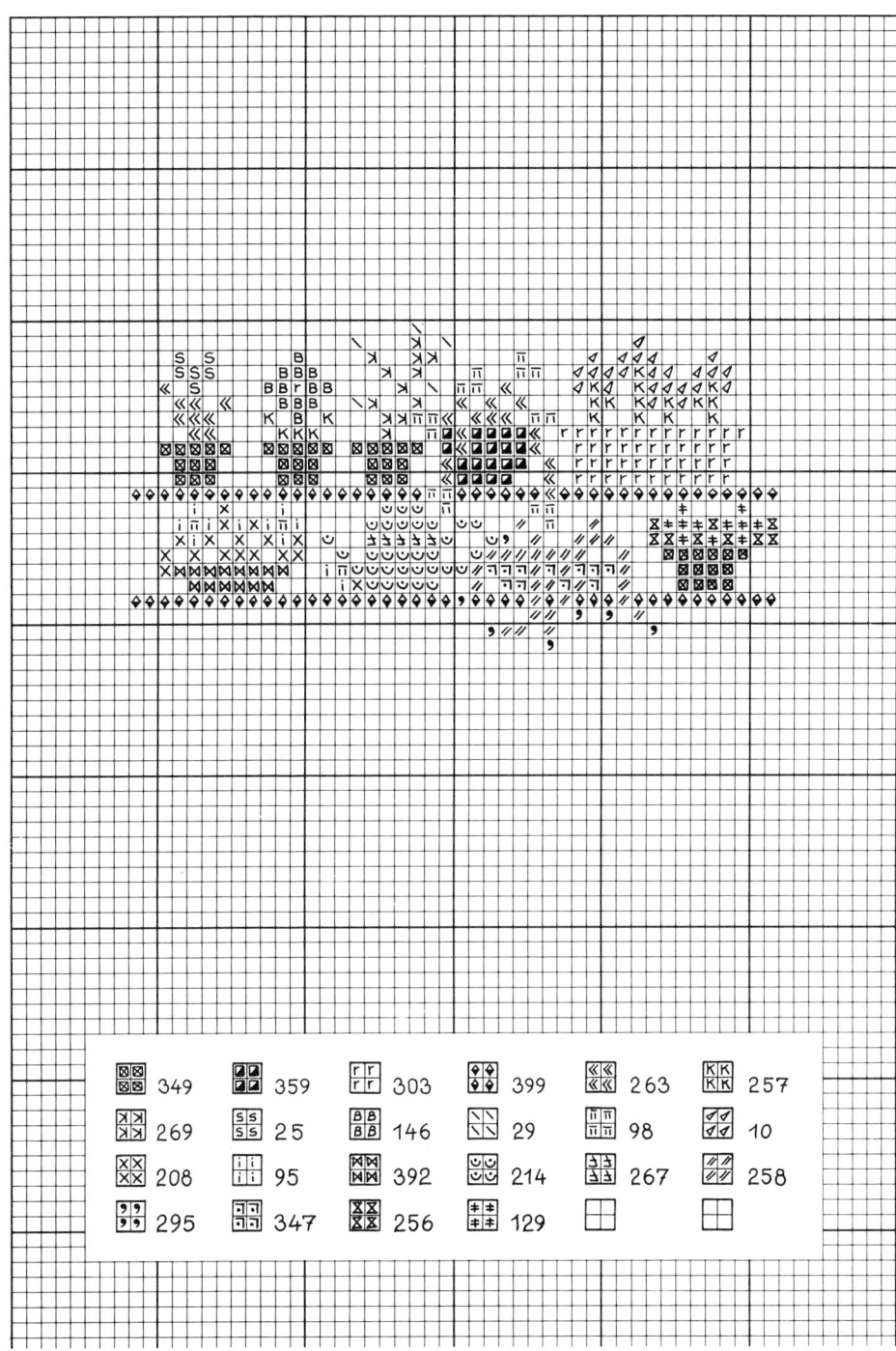

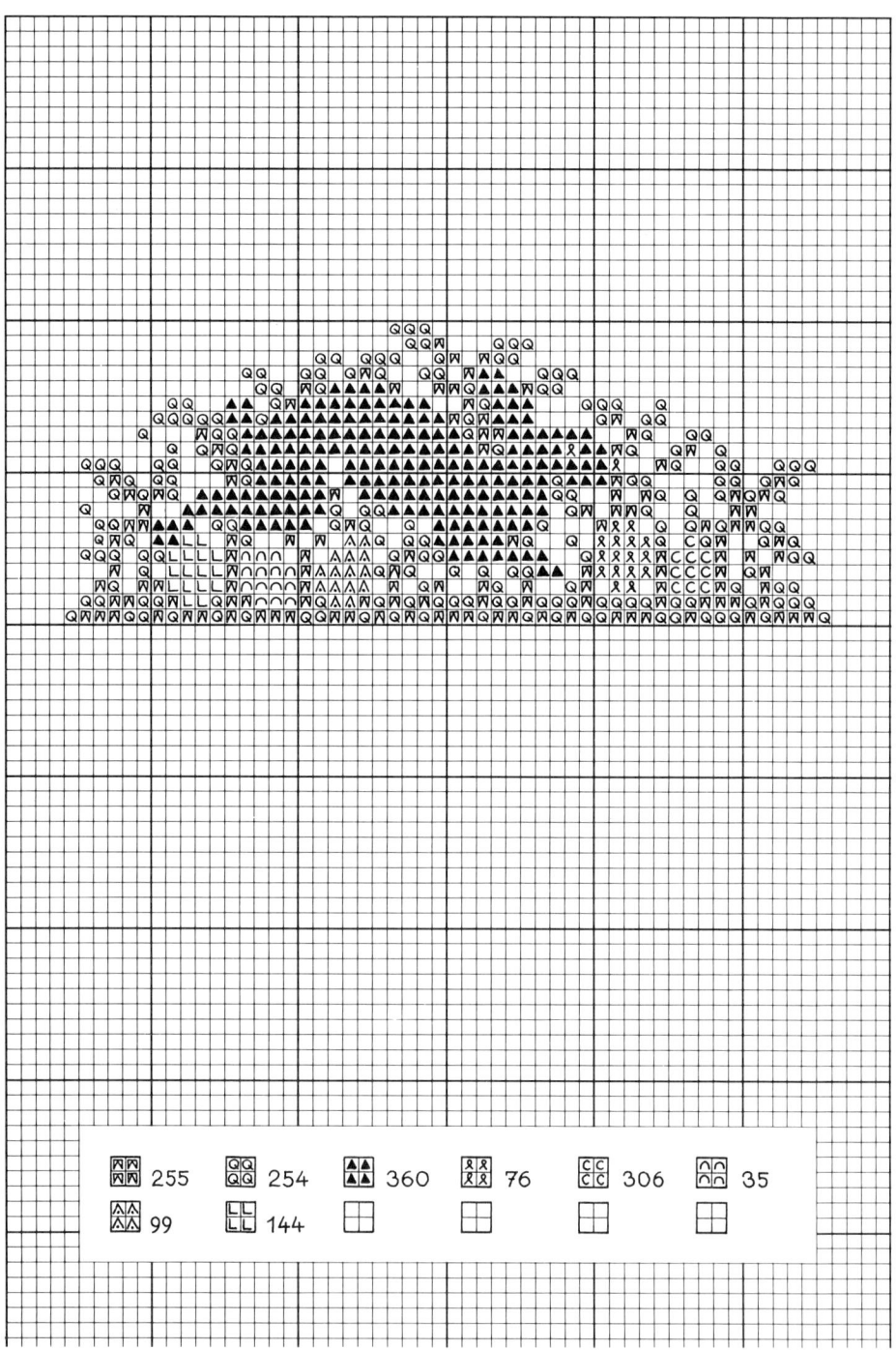

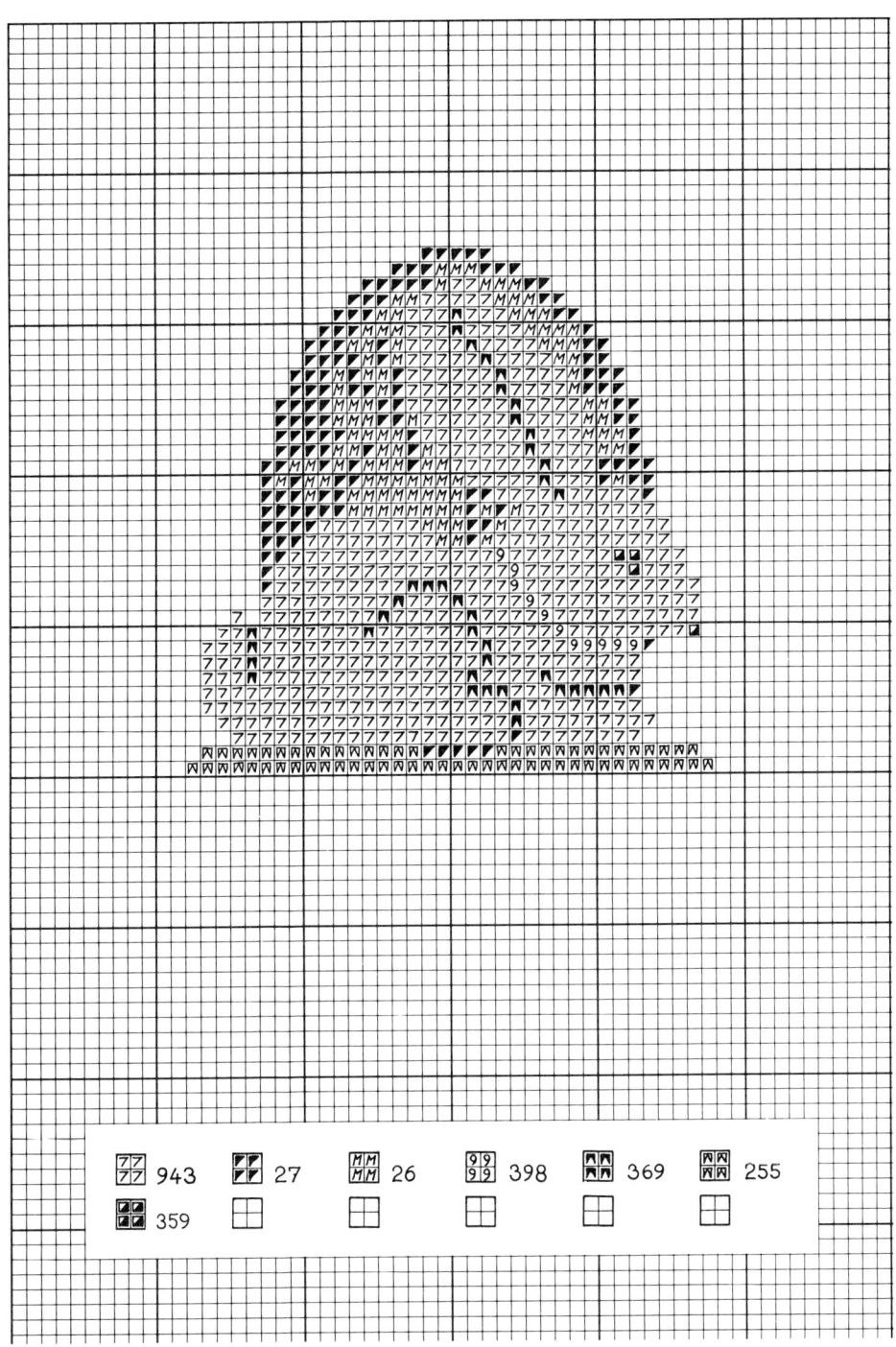

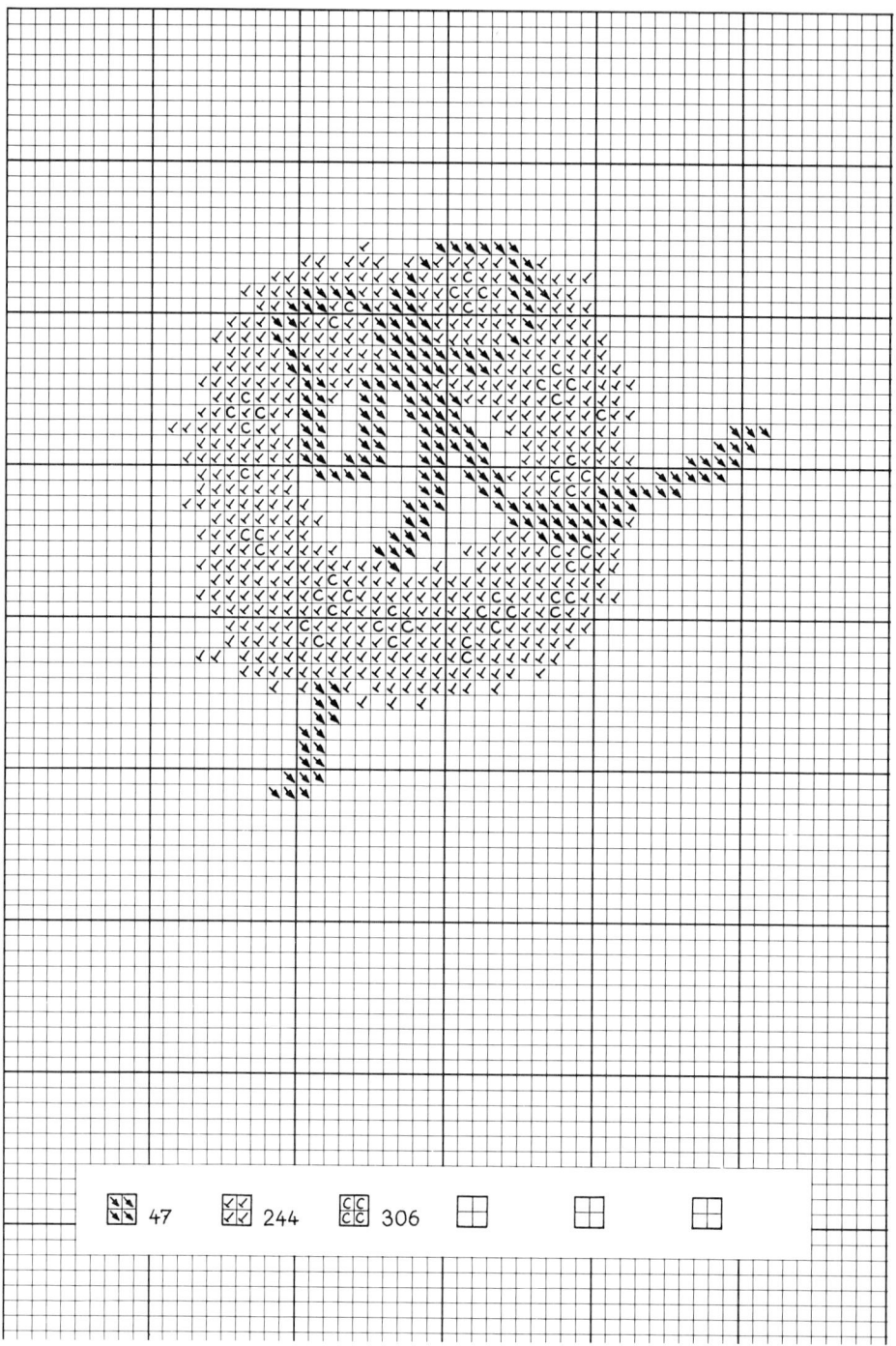

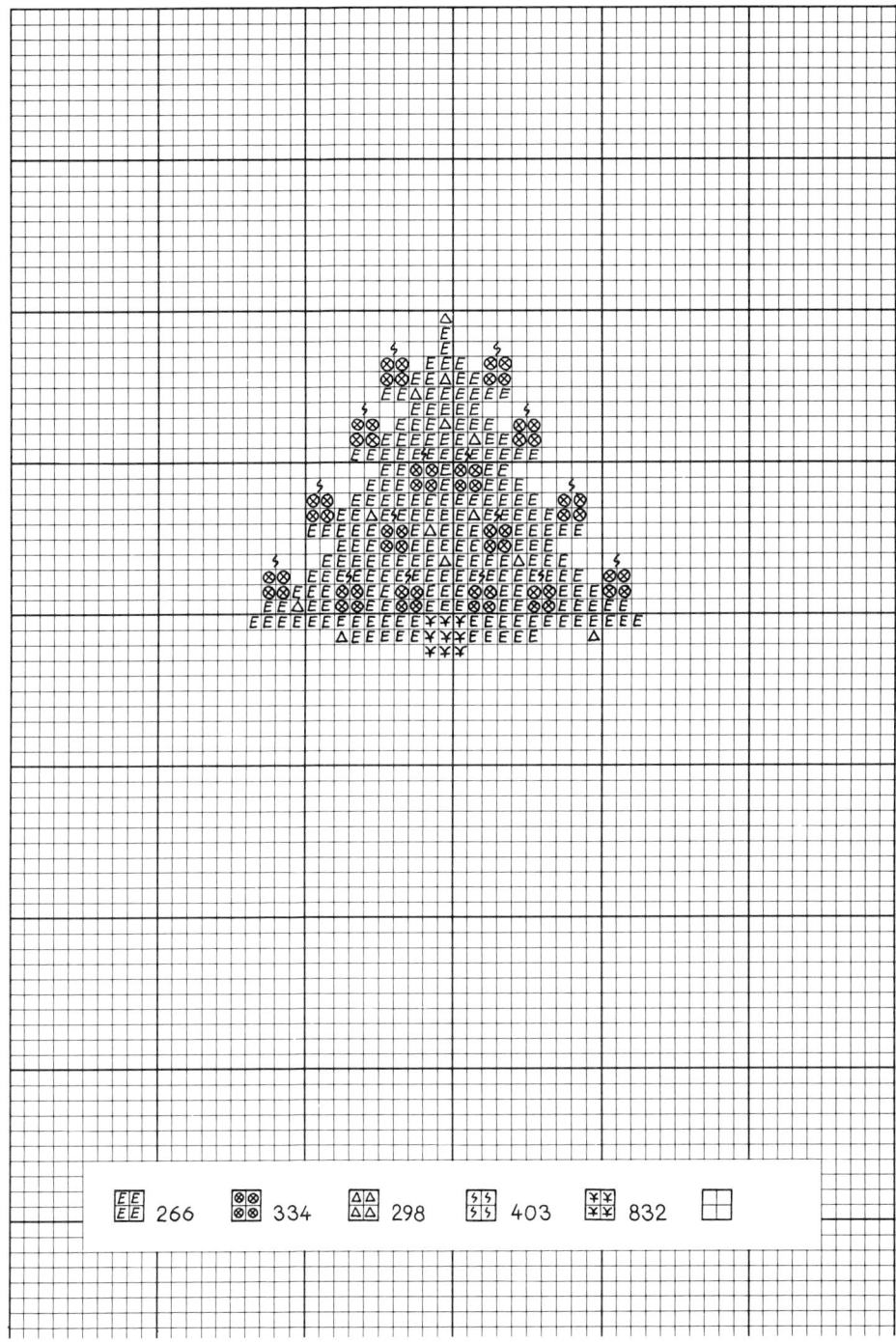

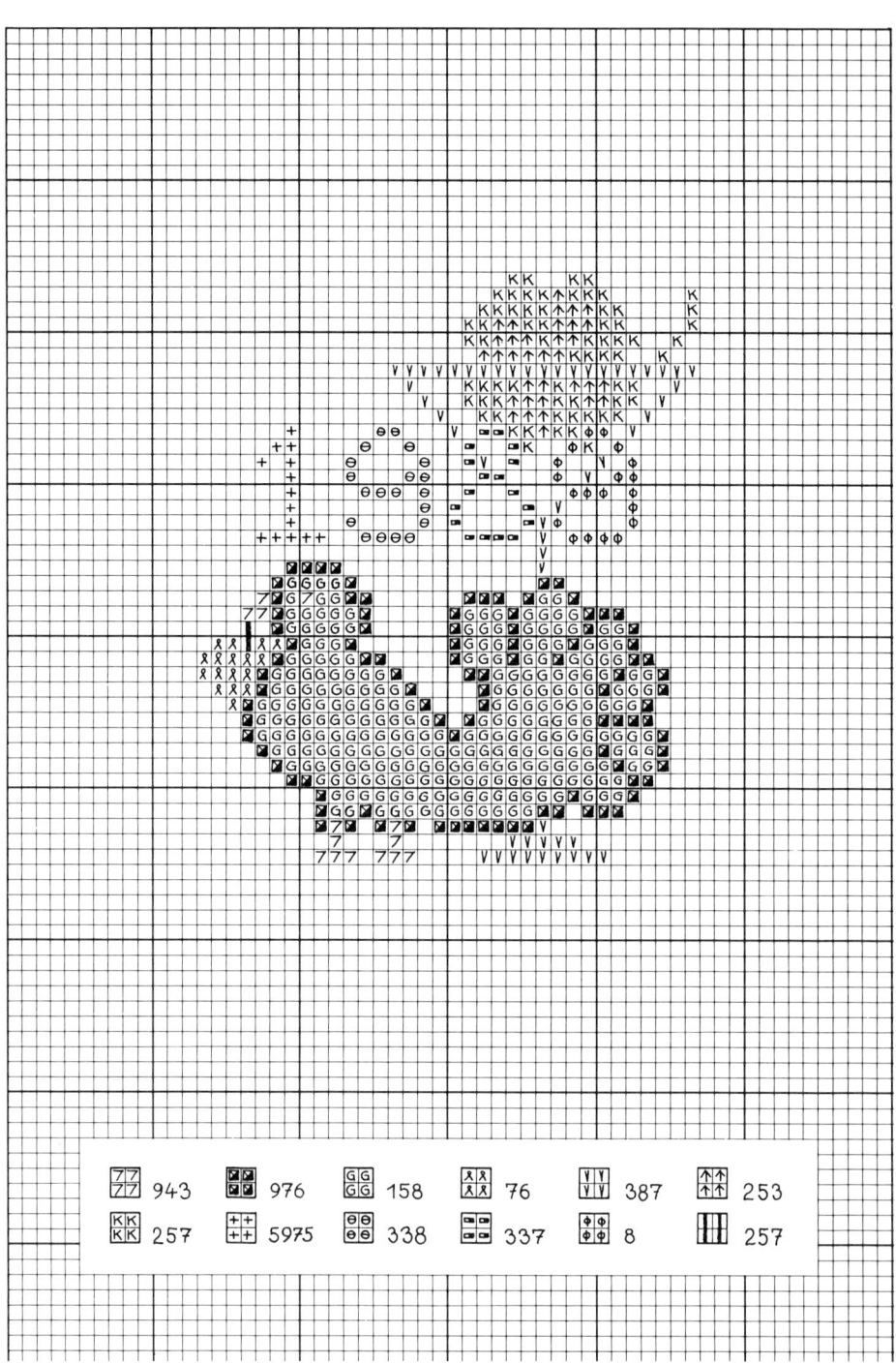

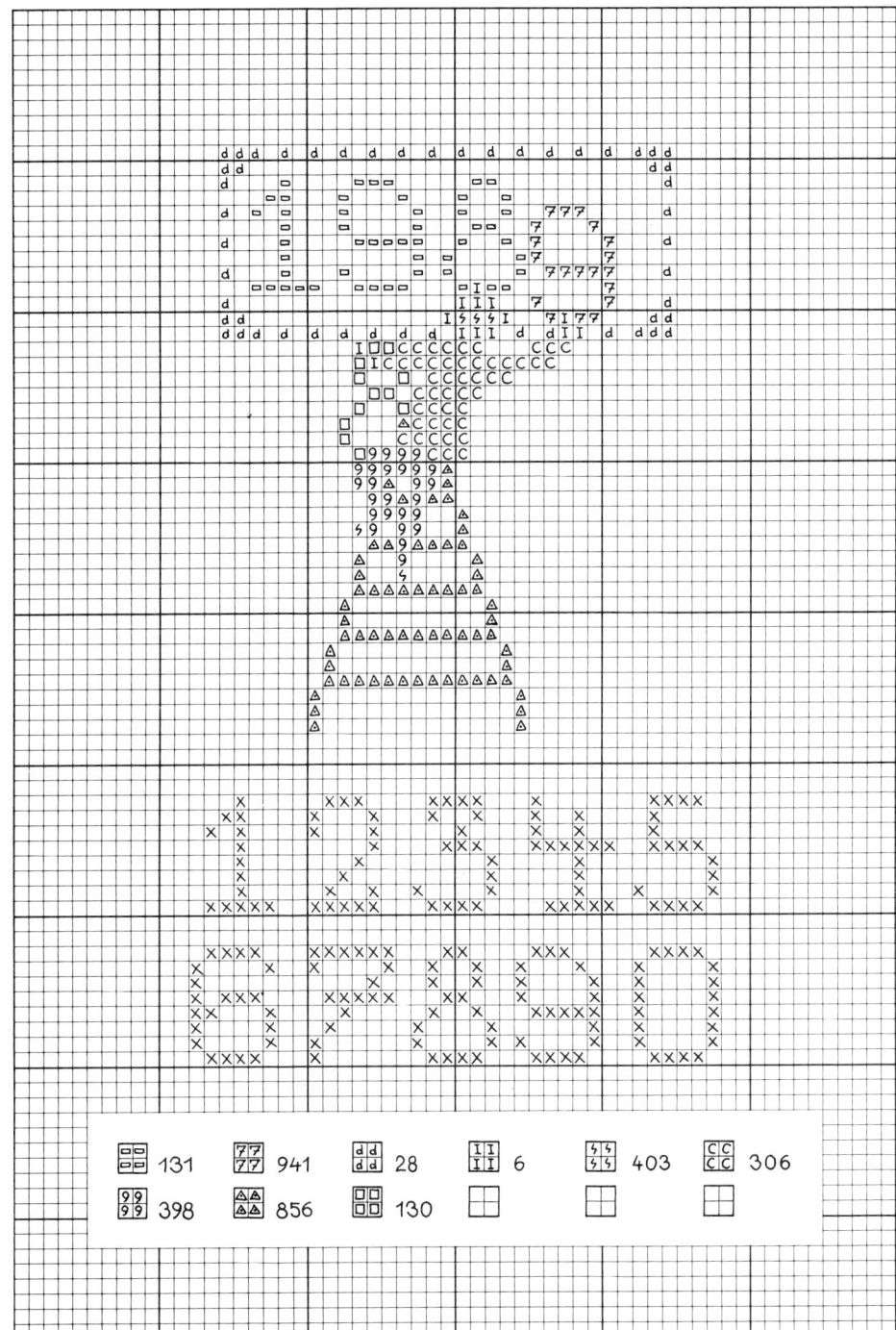

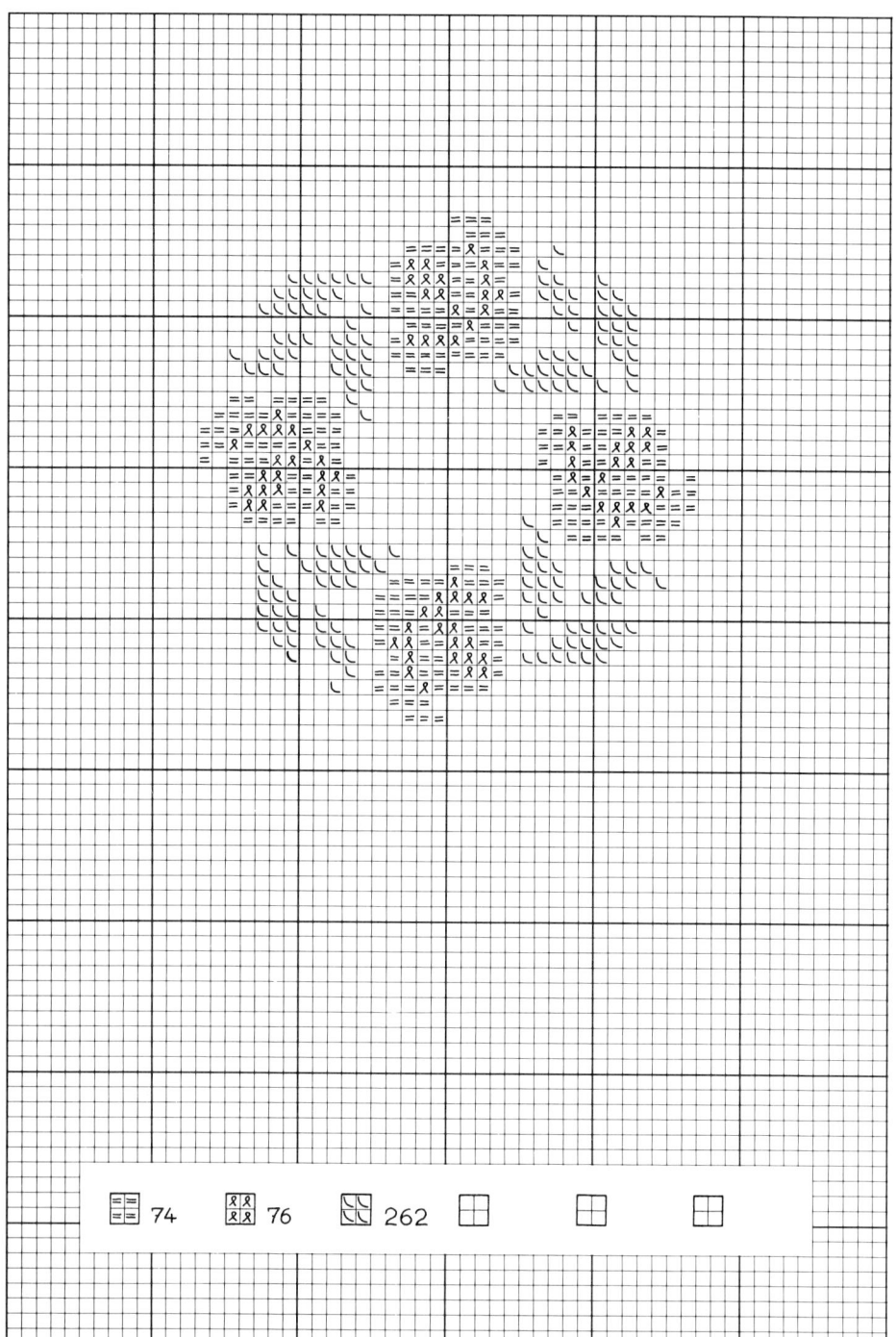

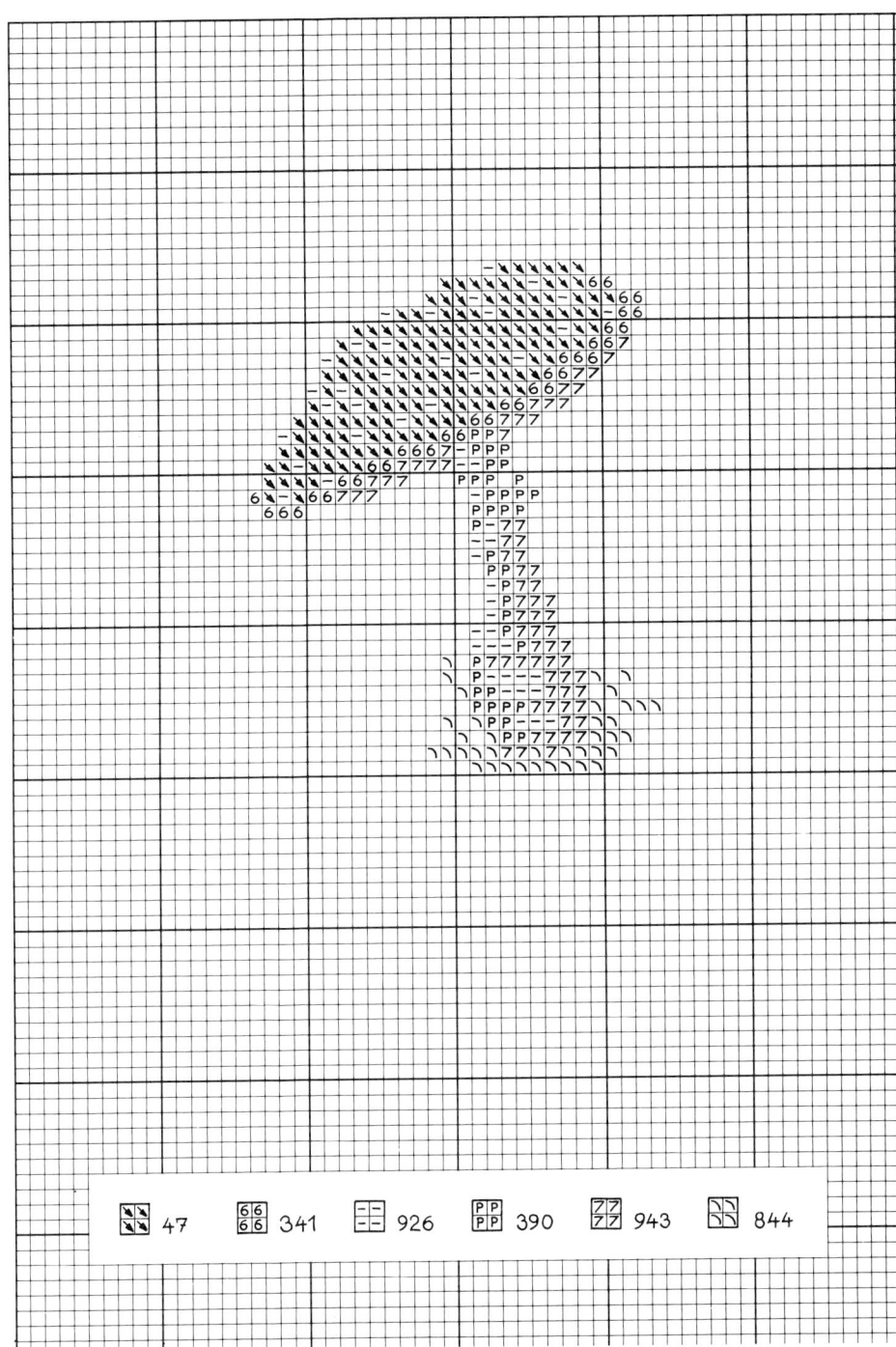

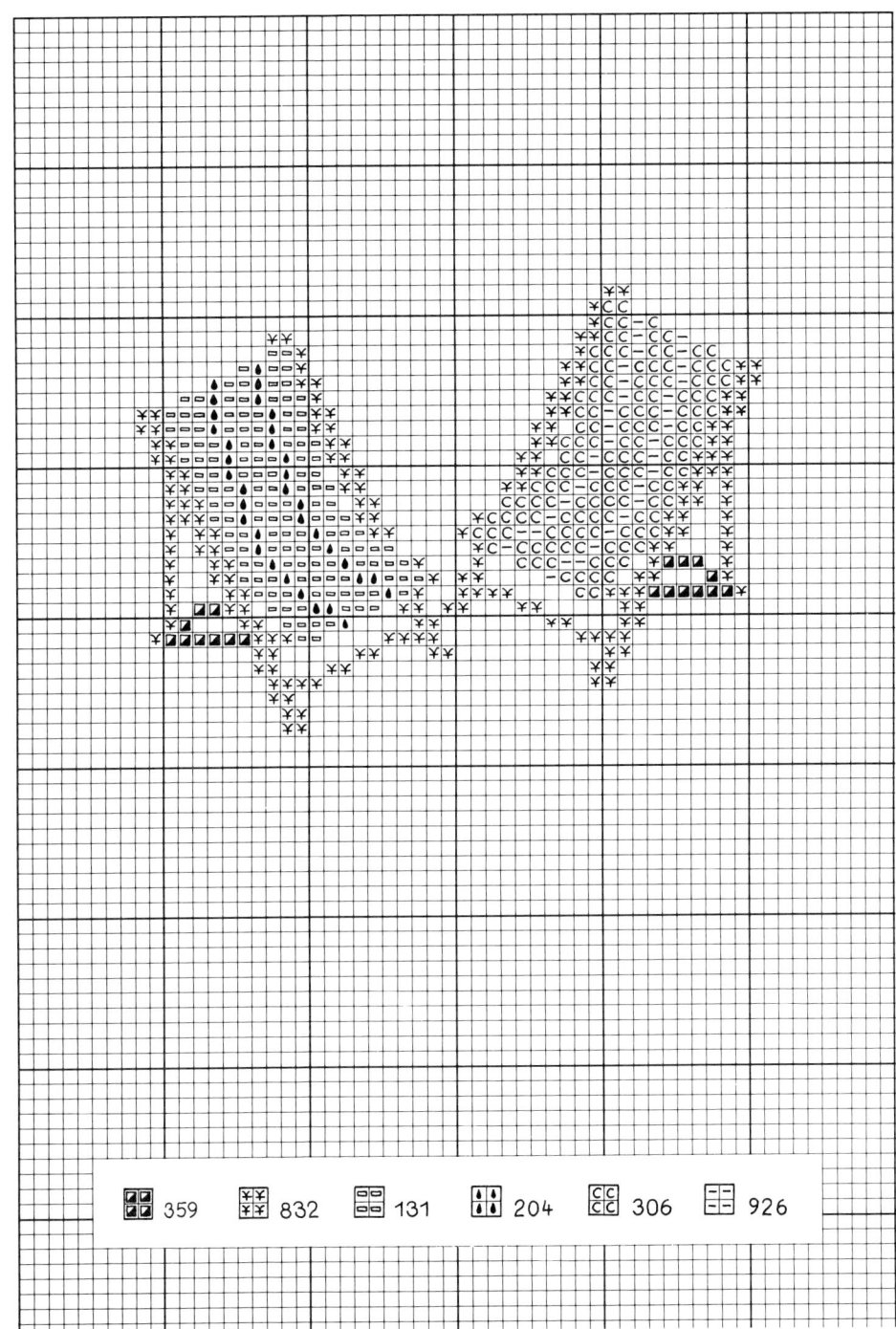

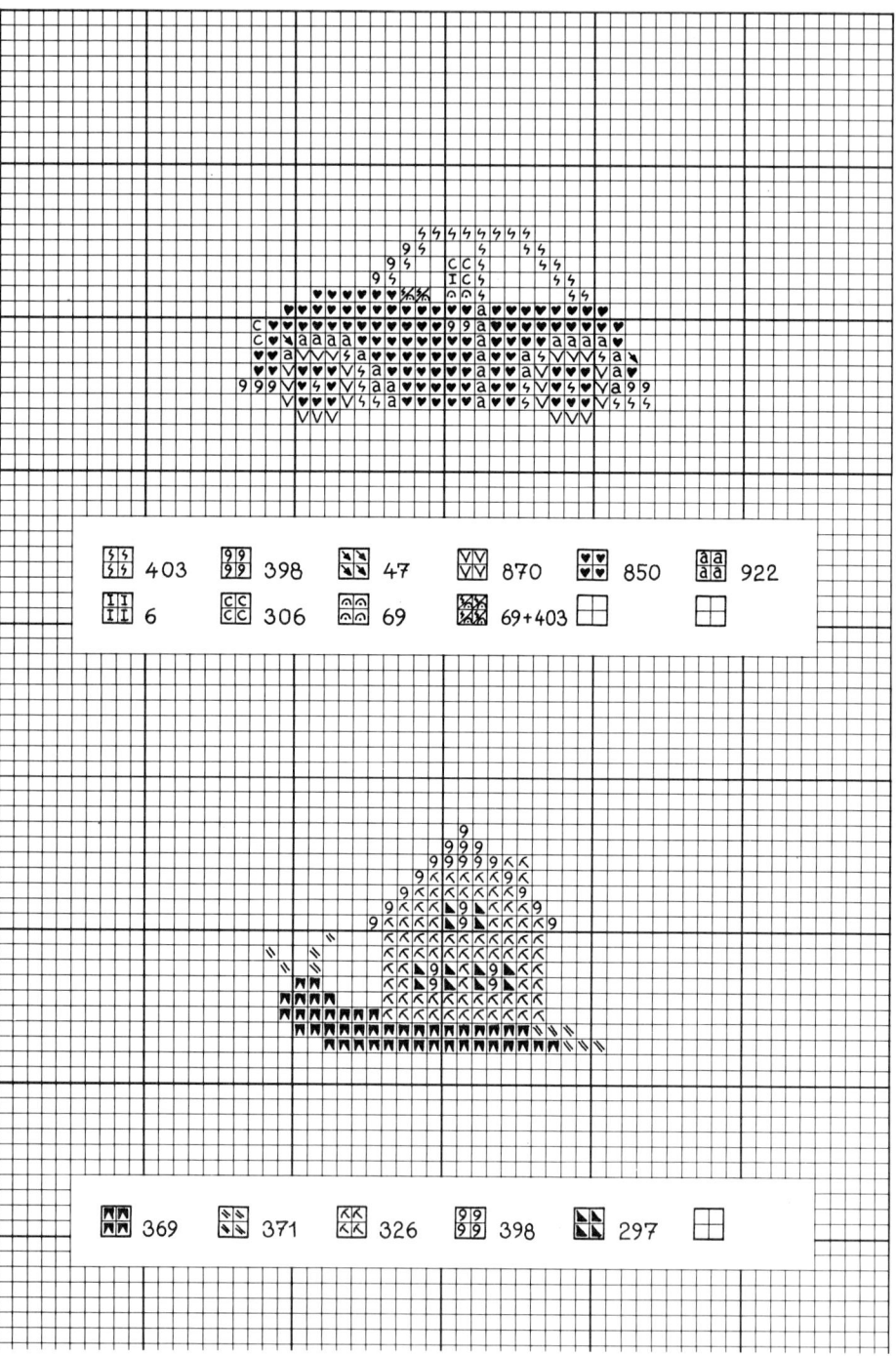

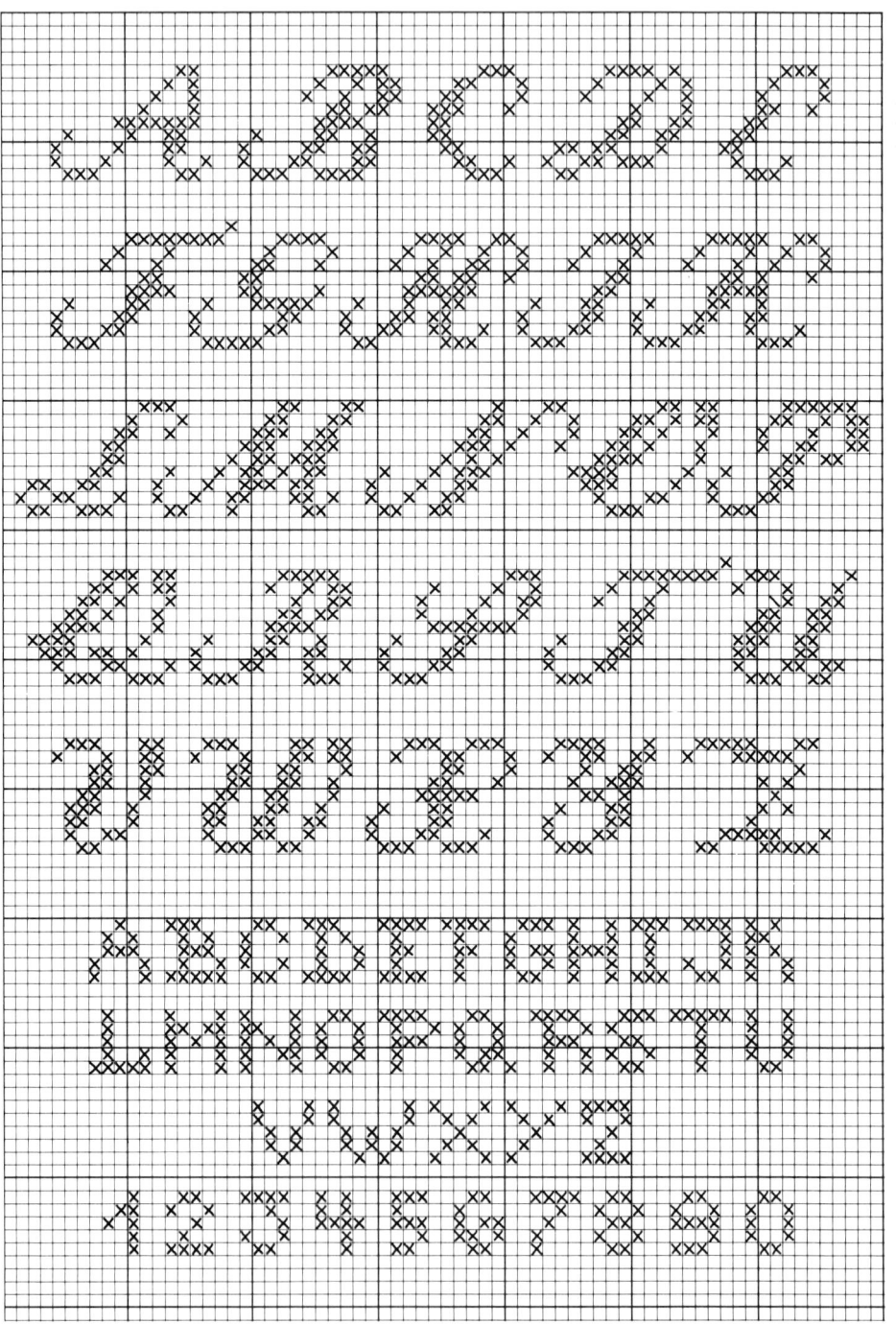